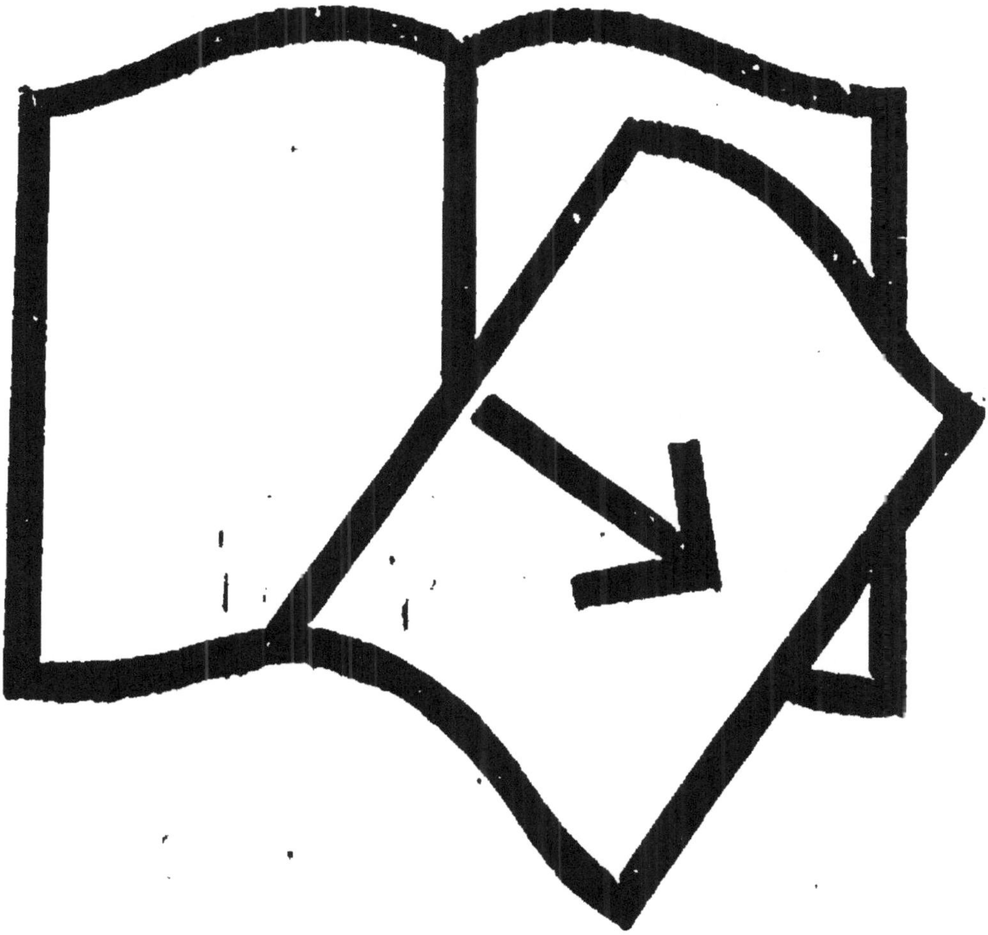

Couvertures supérieure et inférieure
manquantes

UN MONUMENT
A LA VIERGE

ÉRIGÉ A

PUYLAURENS (Tarn).

TOULOUSE
IMPRIMERIE DE J.-B. CAZAUX, PETITE RUE SAINT-ROME, 1.

Au commencement du mois de novembre 1865, à l'occasion du Jubilé accordé par Pie IX, une Mission a été prêchée dans la ville de Puylaurens, par les RR. P. capucins Marie-Antoine et Callixte. A la clôture de cette mission, au milieu d'un grand concours de peuple transporté par un enthousiasme religieux difficile à exprimer (1), fut érigée une croix,

---

(1) Le cantique suivant, vive et saisissante expression de cet enthousiasme religieux, a été composé (paroles et musique) par M. Bouéry. Ce beau cantique a été chanté par la population toute entière, le dimanche 19 novembre 1865, jour de la clôture du Jubilé. La statue de la Vierge, placée sur un char et entourée des jeunes personnes de la Persévérance, fut portée en triomphe dans les principales rues de la ville.

Vierge Marie,
Sainte patronne de nos aïeux,
Toute la vie
Retrouve en nous leur cœur pieux !..

Celui que Dieu choisit sur cette terre
Pour consacrer ton titre le plus beau,
Il a parlé, le successeur de Pierre :
Qu'annonce-t-il ? — C'est un pardon nouveau !
Près des autels, à la voix de ce père,
Nous accourons, implorant ton appui :
Accorde-nous, ô Vierge tutélaire,
De pardonner et d'aimer comme lui!

Vierge clémente! en nos vieilles murailles
Daigne affermir la concorde et la paix!...
Ah! loin de nous ces horribles batailles
Où des Français combattaient des Français!
Mais si jamais cette douce contrée
Devait revoir ces jours si désolants,
Tour de David, ton image sacrée
Suffirait seule à garder tes enfants!....

dans un des quartiers de la ville ; et, au centre, en face de l'Egliso, au milieu d'une place d'où on découvre d'immenses horizons fut placé sur un massif en maçonnerie la belle statue de la Vierge appelée Vierge de Rome. Ce massif devait être remplacé par un piédestal qui s'harmonisant avec la statue en fit ressortir la beauté. — Une quête à laquelle avaient largement coopéré toutes les classes de la société, les pauvres ouvriers comme les familles les plus riches ayant produit trois mille francs, le Conseil municipal ayant accordé huit cents francs (1), il fut possible de placer la statue

    Oh ! rends-les bons, Toi si bonne, si bonne,
    Tous ces enfants qui font vœu d'être tiens ;
    Que la vertu prépare leur couronne ;
    Qu'ils soient toujours des hommes, des chrétiens !
    Fais ton œuvre ; exauce nos prières :
    Qu'un peuple, uni dans une seule foi,
    Ne t'offre ici qu'un ensemble de frères
    Formant un cœur, un seul cœur, devant toi !
    Entre ce temple où veille la prière
    Et cet asile où la douleur s'endort
    Nous avons mis ton image si chère :
    Tu béniras et la vie et la mort ;
    Tu béniras la vieillesse et l'enfance,
    Car sous ta main passeront tour à tour
    Et nos berceaux, aux jours de la naissance,
    Et nos cercueils, à notre dernier jour !...

(1) Dans sa séance du 6 novembre 1865, sous la présidence de M. Rey, maire, le conseil municipal considérant que le monument projeté contribuera beaucoup à l'embellissement de la ville, que cette érection est en harmonie avec les sentiments religieux de l'immense majorité de la population, accorda une somme de 800 francs à titre de subvention.

Dans la séance du 12 février 1866, le même vote fut reproduit. M. le Maire, par un arrêté dont voici le texte, a concédé le terrain nécessaire à l'érection du monument.

« Nous, Maire de la commune de Puylaurens, vu la demande qui nous a été faite par la fabrique de l'église de Puylaurens d'ériger sur la place formée par la démolition des maisons détruites par l'incendie, un monument surmonté d'une statue de la très Sainte Vierge, dont les plans nous ont été soumis.

Vu les désirs de l'immense majorité des habitants, vu le vote du connon sur un piédestal, mais sur une colonne, et d'élever un monument à la gloire de celle que tous les chrétiens proclament la Reine des Anges, la mère des hommes. Quoiqu'il fût facile de prévoir que les dépenses qu'exigerait ce monument seraient de plus de 6,000 francs ; la vive et tendre dévotion que la population de Puylaurens a toujours eue pour Marie, la patronne de la paroisse, ne permettait pas d'hésiter.

La colonne qui a été choisie est faite sur le modèle même de celle qui supporte à la place d'Espagne, à Rome, la statue que Pie IX a érigée en souvenir de la proclamation du dogme de l'Immaculée Conception. Elle est placée sur un piédestal convenable. Le piédestal et la colonne ont une élévation de plus de 5 mètres. De la base du piédestal, non compris les marches, jusqu'au sommet de

---

seil municipal qui, approuvant l'érection de ce monument, a alloué une somme de 800 francs pour contribuer à cette dépense.

Vu la loi des 16, 24 août 1790 et celle du 18 juillet 1837. Considérant que ce monument, œuvre d'art, contribuera puissamment à l'embellissement et à l'ornementation de cette place sans nuire à la circulation, que les frais qu'il occasionnera à la commune sont largement compensés par le transport de terrains que la fabrique a fait ou fera effectuer,

Avons arrêté et arrêtons :

1º La fabrique de l'église de Puylaurens est autorisée à élever vers le centre de la place formée par la démolition des maisons incendiées, et à l'endroit fixé par nous, un monument à l'honneur de la très Sainte Vierge et surmonté de sa statue, dont les plans nous ont été soumis.

La base de ce monument aura une superficie de 16 mètres carrés.

2º La construction de ce monument aura lieu sous notre surveillance.

Fait à l'hôtel de la mairie, le 6 novembre 1865. »

Le Maire de Puylaurens, signé,

REY.

Toutes ces conditions ont été remplies. Le monument a été élevé sous les yeux de M. le Maire qui a constamment prêté son concours éclairé pour triompher des difficultés qu'il fallait vaincre, difficultés provenant des masses énormes qu'il fallait soulever. Sous l'inspiration des Pères Capucins et du clergé de la paroisse, la population a fait des transports de terrain qui économiseront à la ville une somme bien supérieure à celle que le Conseil municipal a bien voulu accorder.

la statue, il y a 8 mètres 15 cent.. Le poids du monument qui est tout en fonte est de plus de 6,000 kilog. Il est sorti des fonderies du val d'Osne et a été fourni par M. Yarz, de Toulouse. Sur les quatre faces du dé, on a mis des inscriptions. Ces inscriptions ont été expliquées au peuple par M. le Curé de la paroisse dans plusieurs instructions; et afin de conserver le souvenir des grandes vérités qu'elles expriment, il faut reproduire les explications qui ont été données.

Nous avons placé, mes bien chers frères, sur le monument que votre piété a élevé à la très sainte Vierge, notre bonne mère, des inscriptions en hébreu, en grec et en latin; dans la langue de la Bible, dans la langue des Evangiles, dans la langue de l'Eglise, dans les trois langues que Dieu a choisies pour révéler à l'humanité les mystères de la foi et de salut. Ces inscriptions sont prises surtout dans les Saintes Ecritures, car les louanges de Marie, ses grandeurs incomparables, sa bonté ineffable pour nous, sont écrites en caractères ineffaçables dans la parole de Dieu : bien aveugles et bien à plaindre sont ceux qui s'obstinent à ne pas le reconnaître.

I.

L'inscription hébraïque se compose de deux textes. Le premier est pris de la Genèse ; il est la reproduction des paroles que Dieu prononça dans l'Eden, alors qu'immédiatement après la chute de l'homme il cita à son tribunal le Serpent, Ève, Adam. Voici ces paroles :

ויאמר יהוה אלהים אל־הנחש
ואיבה אשית בינך ובין האשה ובין זרעך
ובין זרעה הרא ישופך ואש בראשית ג 14 15

Et dit Jehova Elohim au serpent... « et inimitié placerai entre toi et la femme, entre ta race et entre sa race, et elle t'écrasera la tête.

Genèse III. 14. 15.

En entrant en conversation avec le Serpent, en violant sous son instigation le précepte divin par la manducation du fruit défendu, en portant Adam à commettre le même crime, la première femme avait contracté une affreuse amitié avec Satan, elle l'avait introduit dans l'humanité. Par la participation et la complicité de la Femme, Satan avait réussi à s'emparer de l'humanité ; par suite il n'y aurait plus ou sur la terre que des hommes foulant aux pieds les préceptes divins, assouvissant les plus tristes et les plus dégradantes passions, des hommes enfin de la race du Serpent. Mais par un chef-d'œuvre de miséricorde et d'amour, Dieu veut intervenir, il annonce à la pauvre humanité un Sauveur. C'est la première fois que Dieu parle à l'homme, après sa chute épouvantable, et il lui parle surtout de Marie. Eve, mes bien chers frères, a contracté une sacrilège union avec le Serpent, elle s'est faite sa complice, son amie, c'est là la grande victoire de Satan ; mais voici la victoire de Dieu. « Je placerai une inimitié entre toi, serpent, et la femme ; entre ta race et la sienne ; elle t'écrasera la tête. » Donc il existera une femme ennemie irréconciliable de Satan, une femme qui lui brisera la tête, une femme qui aura une race à elle. Quelle est cette femme ?... La mère du Sauveur. — Il n'y a qu'une voix sur le sens de ces paroles.

Je sais bien que l'on conteste sur un point la légitimité de notre version, et qu'on veut que l'on traduise : *il t'é-*

crasera la tête. (1) Mais, qu'importe ! Cette traduction n'affaiblit pas les grandeurs de Marie. Nous admettons tous que c'est par Jésus, le fils de Marie, que la puissance de Satan a été brisée. Il est manifeste, et cela suffit, que les paroles de Jehova Elohim affirment que cette mère du Sauveur sera la grande ennemie du Serpent, qu'il n'y aura dans l'humanité que deux races, la race du Serpent et la race de cette femme, races irréconciliables, ennemies acharnées. Elles affirment que tous ceux qui n'aimeront pas cette femme, ne loueront pas, n'imiteront pas ses vertus, ne vivront pas de sa vie, ne s'appèleront pas ses enfants seront, - alors même qu'ils se disent chrétiens qu'ils se proclament les enfants de Dieu, - les amis, les disciples, les complices de Satan, participeront à toutes ses joies, à toutes ses haines, seront en un mot de la race du Serpent. Il est impossible de donner une autre explication à ces paroles.

Qu'on vienne vous dire maintenant, mes bien chers frères, que nous vous parlons sans cesse de Marie, que nous avons toujours son nom sur nos lèvres ! Si on le faisait, vous vous écrieriez : lorsque Dieu parla à l'homme pour la première fois, lorsqu'il lui annonça que malgré la cruelle victoire de Satan sur l'humanité, il pourrait cependant sortir de l'abîme de dégradation où il avait été plongé, lever la tête vers le ciel, appeler Dieu son père, en un mot qu'il aurait un Sauveur, alors Dieu parla surtout de Marie.

---

(1) Ceux qui condamneraient la Vulgate parce qu'elle dit, *elle*, la femme, t'écrasera la tête, feraient preuve d'une singulière ignorance.— Il y a, il est vrai, dans l'hébreu le pronom הוא *il,* mais souvent, ce pronom se prend pour *elle;* plusieurs exemplaires ont du reste היא *elle.* On ne peut pas objecter que le verbe ישוף *conteret,* brisera, a la forme masculine; car souvent dans la langue sainte, un verbe masculin s'unit à un pronom féminin, il y a bien des exemples dans le texte sacré.

Le deuxième texte est pris du livre des prophéties d'Isaïe, voici ce texte :

ויאמר שמעו־נא בית דוד
יתן אדני הוא לכם אות
הנה העלמה הרה וילדת בן
ספר ישעיהו ד 13 14

Et il dit : Ecoute maintenant maison de David : donnera Adonaï lui-même à toi un signe :

Voilà la Vierge étant enceinte, enfantant un fils.
Livre d'Isaïe vii. 13. 14.

Ces paroles furent prononcées dans les circonstances que voici :

Achaz, roi de Juda était menacé par les armées du roi de Syrie, et celles du roi de Samarie, Jérusalem allait être assiégée ; *Achaz et son peuple tremblaient comme tremblent les arbres des forêts lorsqu'ils sont agités par le vent.* Alors Dieu ordonna au prophète Isaïe d'aller trouver Achaz et de lui dire : « Les desseins de tes ennemis ne » subsisteront pas, leurs pensées n'auront point d'effet. » Achaz n'étant pas rassuré par une promesse aussi solennelle, Isaïe reprit avec énergie : Comme preuve de la certitude invincible de ce que j'annonce « demande au Seigneur, ton » Dieu qu'il te fasse voir un prodige, ou du fond de la » terre, ou du plus haut du ciel. » Mais ce roi impie, expression de l'état religieux de son peuple, craignant que ce prodige ne le gênât dans les alliances qu'il voulait contracter avec l'Egypte et l'Assyrie, alliances en qui il plaçait son espoir bien plus qu'en la protection du Dieu d'Israël, répondit avec une piété hypocrite, je ne demanderai point de signe, je ne tenterai point Dieu. Alors Isaïe s'écria : « Ecoute Maison de David, Adonaï lui-même te donnera un » signe : voici que la Vierge sera, étant enceinte et enfan- » tera un fils. »

Jérusalem est dans le plus profond découragement, découragement, résultat et châtiment de son impiété ; cependant, malgré son roi, malgré elle-même, Dieu veut sauver cette ville représentant l'humanité toute entière ; alors le prophète parle d'un signe qu'Adonaï lui-même donnera à la maison de David.

Ce signe quel est-il?— C'est Marie, la Vierge ; la Vierge par excellence; la Vierge mère; Marie vierge pendant la conception, vierge pendant l'enfantement.

Marie apparaît dans la Genèse écrasant la tête du Serpent, à la tête d'une race ennemie irréconciliable de la race de Satan; dans Isaïe elle apparaît comme toujours Vierge, comme Vierge et Mère, comme étant le signe qui doit fortifier l'humanité dans toutes ses défaillances. Ces textes, d'une clarté que rien ne peut obscurcir, où le Sauveur est annoncé — mais et c'est bien remarquable est annoncé indirectement et par Marie — fournissent un point d'appui inébranlable à l'exégèse vraiment chrétienne qui montre que Marie est louée, à peu près partout dans la Bible, à côté du Messie attendu.

Si dans le pseaume XLIV, pseaume messianique, nous voyons David chanter les triomphes, la beauté, les gloires inexprimables du roi des âmes, du sauveur Jésus, à l'instant même, nous voyons aussi apparaître Marie, la reine incomparable, celle à qui tous *les riches du peuple* adressent leurs humbles prières. Si le Cantique des cantiques est une révélation de l'amour de Dieu, du Verbe éternel pour l'âme humaine, il est aussi une révélation de l'amour de Marie pour le fils de Dieu qu'elle a attiré sur la terre par le charme ineffable de ses vertus. Si dans les Proverbes et les autres livres sapientiaux la Sagesse incréée, se montre à nous et prépare l'humanité à la révélation du Verbe éternel, qui arrive à son plus complet développement dans les écrits de saint Jean; Marie dans les mêmes livres nous apparaît, comme la première dans la pensée divine, engendrée et conçue dans le sein de l'infini avant tout ce qui est créé.

Si partout nous trouvons des symboles qui révélaient le Messie de la manière la plus saisissante et la plus vive aux grandes âmes soupirant après sa venue, nous trouvons aussi partout des symboles qui manifestaient Marie d'une manière non moins vive, non moins saisissante. — Qu'il est facile de s'en convaincre ! — Par un miracle qui épuise la toute puissance créatrice, l'humanité sacrée du Sauveur a germé du sein de Marie. Marie est donc symbolisée par cette verge d'amandier qui sans racine, sans sève de la terre, placée devant le tabernacle du témoignage, se couvre de feuilles, de fleurs et de fruits (Nomb. xvii). Or c'est par cette verge d'Aaron que le Pharaon d'Egypte, immage frappante du démon, est confondue; c'est par elle que les eaux de la mer rouge, expression des obstacles insurmontables que rencontrait la délivrance de l'humanité, sont divisées; c'est par elle que deux fois, pour désaltérer les enfants d'Israël, sortit de la pierre l'eau vive, symbole de la grâce. Malheur donc à ceux qui s'éloignent de Marie, ils seront toujours les esclaves du démon, ils ne triompheront jamais des obstacles qui s'opposent à leur salut, jamais ils ne pourront se désaltérer aux eaux vives et pures de la grâce.—Marie a porté dans son sein, a nourri de son sang, a alimenté de son lait, le fils de Dieu, celui qui est le Pontife éternel, la loi vivante, l'aliment céleste des âmes transfigurées par la grâce; par conséquent elle est le sanctuaire vénérable dans lequel Dieu est venu habiter parmi nous, l'arche sainte qui renferme l'alliance de Dieu avec les hommes, le vase sacré qui contient la manne céleste mise en réserve devant le tabernacle de Jéhova. Or, si dans la parole de Dieu, d'effrayantes malédictions sont prononcées contre ceux qui manquaient de respect à ces grands symboles de l'Ancien Testament; malheur donc, trois fois malheur à ceux qui se disent chrétiens, et qui n'ont que de l'indifférence, et de la froideur pour cette arche de la nouvelle alliance, qui sont assez aveugles, assez impies pour l'insulter, la blasphémer.

II.

Nous avons placé, mes bien chers frères, deux inscriptions grecques. La première reproduit les paroles que l'ange adressa à Marie lui annonçant le mystère de l'incarnation du Verbe.

Εἰσελθὼν ὁ ἄγγελος πρὸς αὐτὴν (Μαριάμ) εἶπεν· Χαῖρη, κεχαριτωμένη· ὁ κύριος μετὰ σοῦ· εὐλογημένη σὺ ἐν γυναιξίν.
Εὐαγγέλιον κατα Λουκαν 1. 28.

L'Ange étant entré auprès d'elle (Marie), lui dit : Je vous salue, pleine de grâce, le Seigneur est avec vous, vous êtes bénie entre toutes les femmes.
Évangile selon S. Luc i. 28.

Ces paroles vous ont été souvent expliquées. On vous a fait remarquer qu'une lecture attentive du texte sacré montre que le prince de la milice céleste qui est envoyé à Marie lui parle avec le plus profond respect; que les paroles dont il se sert pour annoncer les mystères qui vont s'accomplir en elle expriment les plus grandes louanges qu'une créature puisse recevoir; que dans la réponse que Marie adresse à l'ange on voit qu'elle est la Vierge par excellence qu'a prophétisée Isaïe; et qu'enfin le consentement que cette Vierge doit donner pour que l'incarnation du Verbe s'accomplisse, fait dépendre de sa volonté la réalisation des mystères d'où est sorti le salut de l'humanité toute entière. Ainsi Gabriel, le prince de la milice céleste, l'envoyé de Dieu pour annoncer le grand mystère de l'incarnation et du salut, révèle les grandeurs de Marie infiniment plus que nous le pouvons dire, infiniment plus que nous ne pouvons le penser.

La deuxième inscription, mes bien chers frères, reproduit les paroles si significatives et si touchantes que le divin Sauveur, expirant sur la croix, adressa à sa Mère et à saint Jean, le disciple bien-aimé.

Ἰησοῦς οὖν ἰδὼν τὴν μητέρα καὶ τὸν μαθητὴν παρεστῶτα ὃν ἠγάπα, λέγει τῇ μητρὶ αὐτοῦ. Γύναι, ἴδε ὁ υἱός σου. Εἶτα λέγει τῷ μαθηθῆ· Ἴδε ἡ μήτηρ σου.
Εὐαγγέλιον κατα Ιωννην xix. 26. 27.

Jésus ayant donc vu sa mère et le disciple qu'il aimait se tenant debout, dit à sa mère : Femme; voilà ton fils. Ensuite il dit au disciple : Voilà ta mère.
Évangile selon S. Jean xix. 26-27.

Le sens de ces paroles vous est aussi connu. Vous savez qu'au moment où se consommait la grande expiation du Calvaire, Marie était debout, à côté de la croix, et qu'elle participait autant et plus qu'il n'est possible à une créature, au sacrifice qui y était offert. Elle y participait comme sacrificateur, car par sa maternité elle avait une puissance véritable sur l'humanité du Sauveur, qu'elle offrait réellement pour apaiser la justice infinie. Elle y participait comme victime éprouvant en son cœur, avec une force inexprimable le contre-coup des douleurs de son fils. Or, selon la doctrine de saint Paul et du Nouveau Testament tout entier, c'est par ce sacrifice que Dieu nous a rachetés, qu'il nous a réconciliés avec lui, qu'il nous a adoptés pour enfants; c'est en livrant son Fils unique pour l'expiation de tous nos crimes que nous avons pu devenir les frères de ce même Jésus-Christ. Mais Marie prend une part spéciale et réservée à ce sacrifice, elle est associée comme Mère à l'acte par lequel Dieu le Père livre son fils à la justice infinie; elle a donc une part spéciale et réservée à l'acte par lequel Dieu nous fait ses enfants. Les grandes paroles que prononça Jésus quand, ayant vu sa Mère, et près d'elle le disciple qu'il aimait, il dit à sa mère : *femme voilà votre fils ;* et au disciple : *voilà ta mère*, exprimant que le sacrifice va être consommé, elles révèlent les droits que ce sacrifice donne à Marie sur chacun de nous. Marie est donc la Mère de nos âmes. Nous aurions pu le deviner, mais les dernières paroles de Jésus mourant, qui, forment comme son testament suprême, ne nous permettent plus d'en douter. Marie est dans l'ordre de la grâce et du salut, ce que la mère est dans l'ordre de la nature. Elle n'est pas le premier principe de notre existence surnaturelle mais le second ; et quoique le second, son intervention pour communiquer la vie est absolument nécessaire. De même que la première Eve, quoiqu'ayant reçu l'existence d'Adam, devait ensuite intervenir dans la création de toute l'humanité ; de même aussi, Marie ayant reçu la vie de la grâce de son divin fils, doit cependant, conformément à l'ordre qu'il a lui-même établi, intervenir pour coopérer au salut de toutes les âmes.

Que nous sommes heureux, mes bien chers frères, d'être catholiques ! Nous seuls ne sommes pas orphelins ; pour nous seuls, cette grande parole de Jésus *non relinquam vos orphanos* est une réalité. Nous avons le Sauveur Jésus, notre Père, le second Adam toujours vivant au milieu de nous : nous l'avons par sa parole, non pas immobilisée sous une lettre morte mais incarnée dans l'Eglise ; nous l'avons par ce fleuve intarissable de grâces qui par les sacrements arrose et féconde toutes les âmes ; nous l'avons par l'Eucharistie, manne céleste qui l'unit au plus intime de nous-même. Nous avons aussi une Mère, la douce, la bonne, la tendre Marie ; Marie la Vierge par excellence, Marie la seconde Eve, celle qui toujours vivante, n'a jamais été morte de la mort du péché, celle dont le regard donne la vie de la grâce. Et c'est parce que nous avons une Mère dans l'ordre du salut que ce quelque chose de froid, de sec, d'égoïste qui se retrouve toujours au fond des malheureux qui n'ont pas eu de mère, ne se produira jamais en nous. Et pourvu que par de persévérants efforts nous ne nous éloignons jamais de Marie, nous sommes sûrs que cette sève divine qui jaillit du cœur sacré de Jésus agira sans cesse sur nous pour nous vivifier dans le temps comme dans l'éternité.

III.

L'inscription latine, ne fait qu'exprimer les dogmes ecclésiastiques, qui sont le résumé des grandes affirmations que l'Ecriture sainte proclame à la louange de Marie.

MARIA
SINE LABE ORIGINALI CONCEPTA,
DEIPARA, SEMPER VIRGO,
ORA PRO NOBIS.

———

PIO IX PONT. MAX.
BENEDIXIT D.D. LYONNET ARCH. ALB. DIE X JUNII
AN. MDCCCLXVI,
IN MEMORIAM JUBILÆI AN. MDCCCLXV.

———

Marie, conçue sans la tache originelle, mère de Dieu, toujours vierge, priez pour nous,

———

Pie IX étant souverain Pontife, a béni ce monument Monseigneur Lyonnet, archevêque d'Albi, le 10 juin 1866. En mémoire du jubilé de 1865.

Ces affirmations, *Marie conçue sans la souillure originelle, Mère de Dieu, toujours Vierge* expriment, mes bien chers frères, les grandes merveilles que Dieu a opérées dans la personne sacrée de celle qu'il avait choisie pour être la mère de son fils; elles rappellent les victoires que l'Eglise a dû remporter pour maintenir dans toute leur resplendissante beauté les prérogatives de Marie ; elles sont les paroles dont les Conciles et les Papes se sont servi pour exprimer la foi qui dans tous les âges, au milieu de toutes les générations était écrite dans les entrailles du peuple chrétien.

Vous savez que pendant les IVe et Ve siècles, alors que se formulaient les dogmes ecclésiastiques sur les grands mystères de la Trinité et de l'Incarnation se formulait aussi en même temps et de la même manière ce dogme fondamental *Marie est la Mère de Dieu.* Cette grande affirmation, résumé de ce qu'enseigne l'Ecriture, mais résumé exprimé de manière à déconcerter toutes les subtilités, toutes les fourberies de l'hérésie, se produisit au Ve siècle, à Ephèse, là même où S. Jean, l'enfant de Marie, le disciple bien-aimé avait établi son siège. Par les intrigues de Nestorius, l'ambitieux évêque de la nouvelle Rome, par les complicités de Jean d'Antioche, l'Orient s'était ému, car l'esprit de mensonge faisait alors un suprême effort pour s'emparer des esprits et les diriger. Mais l'erreur ne peut jamais triompher dans l'Eglise véritable, la vitalité qui est au plus intime de son être ne peut jamais l'y tolérer; elle est toujours forcément expulsée. Aussi quand les portes de la basilique d'Ephèse s'ouvrent, quand les évêques du Concile déclarent qu'ils n'avaient jamais cessé de croire et d'affirmer que Marie est la Mère de Dieu, un long cri de joie retentit dans la ville d'Ephèse, et dans le monde tout entier.

Il est impossible de ne pas anéantir toute l'économie du mystère de l'Incarnation, si on nie cette grande vérité *Marie est la Mère de Dieu,* il est impossible aussi de ne pas renverser toutes les notions que la révélation nous donne sur les vertus, de ne pas détruire ce sens moral qui caractérise les chrétiens si on nie que Marie, celle que l'ange a saluée pleine de grâce, a toujours conservé sa virginité. La perpétuelle virginité de Marie ressort si naturellement de ce que nous apprennent les premiers éléments du christianisme, qu'il n'y a eu qu'un obscur hérétique, dont les blasphèmes n'ont laissé d'autre souvenir que la réfutation qu'en a fait S. Jérome, qui ait osé nier cette vérité. Les calvinistes et les luthériens pendant trois siècles avaient respecté cette affirmation. Ce n'est que de nos jours que dans le sein du protestantisme on a osé recueillir le triste héritage de l'arien Helvidius.

La troisième affirmation. *Marie a été immaculée dans sa conception*, Marie — par une grâce spéciale, par une application anticipée des mérites du Christ, — a été préservée de toutes les atteintes de la souillure originelle, est devenue un dogme de la foi catholique sous le règne de l'immortel Pie IX. Cette grande affirmation forme le couronnement de ce monument que l'Église élève par son enseignement doctrinal à la gloire de celle qui est la Mère de son époux. Et cette définition, comme toutes celles que formule l'Église a été promulguée selon ces lois de profonde sagesse, d'ineffable harmonie qui président à tous ses actes.

Il convenait en effet, alors que la maladie la plus effrayante de notre siècle est de tout identifier, de tout confondre, d'unir le bien avec le mal, de les appeler des mêmes noms, de leur accorder les mêmes droits, la même puissance, d'insinuer qu'ils sont également utiles à la vie des peuples, à celle des individus, il convenait d'affirmer qu'il y a une opposition essentielle, radicale, non seulement dans l'ordre logique et dans l'ordre des faits, mais encore qu'il a existé une créature tellement pure que jamais et dans aucun moment le mal n'a pu l'atteindre. En entrant dans l'existence, ces flots d'iniquités qui par suite de la faute du premier homme envahissent, submergent chacun de ses enfants se sont arrêtés devant Marie comme autrefois les eaux du Jourdain s'arrêtèrent devant l'arche d'Alliance.

Marie toujours immaculée, Marie Mère de Dieu, Marie toujours vierge, telles sont les grandes affirmations que renferment les Saintes Écritures, les grandes affirmations que proclame l'Eglise dans son langage infaillible, et que redisent dans l'éternité tous les chœurs des anges.

Monseigneur J. Lyonnet, archevêque d'Albi, avait été supplié de se rendre à Puylaurens et d'assister, le 19 novembre, à la clôture du Jubilé. De graves raisons l'en empêchèrent, mais il promit fort gracieusement d'y venir lorsque le monument serait terminé.

La visite de Monseigneur fut fixée au 10 juin, jour du Sacré-Cœur. La veille, au soir, toute la paroisse se rendit au devant de Sa Grandeur. Un portique, (style roman), avait été élevé sur la route de Toulouse par où Monseigneur devait arriver. Reçu avec une joie inexprimable par la population toute entière il fut conduit sous un arc de triomphe (style grec) qui avait été érigé à l'entrée de la ville. Là, il fut harangué par M. le Maire, à la tête du Conseil municipal et de tous les fonctionnaires de la cité. Voici comment s'est exprimé ce digne magistrat :

Monseigneur,

« Votre arrivée parmi nous est un événement heureux : nous la saluons comme une des plus précieuses bénédictions du ciel.

» Partout votre présence a excité un ardent enthousiasme : elle a soulevé et fait tressaillir les populations et partout la bonté qui rayonne de vos traits augustes, a justifié ces élans d'amour qui ont accompagné vos pas et qui ont converti vos visites en une marche triomphale.

» Nous étions impatients, Monseigneur, de faire notre partie dans ce concert immense de bénédictions.

» Nos vœux sont exaucés, nos espérances sont une réalité ! Nous possédons celui que nous aimions sans en connaître les traits, et son cœur qui bat à côté de notre cœur peut comprendre que si ailleurs on a pu préparer des réceptions splendides, presque dignes de Votre Grandeur, nulle part il n'a rencontré des sentiments plus religieux, plus respectueux, plus dévoués : ce sont les sentiments du Maire de cette commune, du Conseil municipal et de ses administrés.

» Catholiques sincères, sans ostentation et sans peur, si nous admirons en vous l'érudit et l'écrivain, l'administrateur habile et expérimenté, nous vénérons par-dessus tout le représentant de Jésus-Christ, le pontife de nos âmes, donnant à la majesté de son caractère sacré, l'éclat de toutes les vertus.

» A l'honneur de vous offrir l'humble hommage de ces sentiments, nous joignons la confiance que vous daignerez l'accueillir. De notre côté, nous bénissons l'Empereur, qui vous a proposé pour le gouvernement de ce diocèse; nous bénissons l'immortel Pie IX qui nous a placé sous votre houlette et nous continuerons de prier le dispensateur de tout don de vous conserver longues années à l'amour de vos enfants et à l'Eglise dont vous êtes la gloire. »

Vive Monseigneur !

Monseigneur a répondu avec une grâce et un à propos vraiment distingués. Conduit sous un arc de triomphe, (style ogival, XIIIe siècle), il revêtit ses habits pontificaux, fit son entrée dans l'église, en la forme prescrite, et M. le Curé de la paroisse, entouré des Pères Marie-Antoine, Callixte et d'un nombreux clergé, lui adressa les paroles suivantes :

Monseigneur,

« Cette joie vive et profonde que votre présence fait naître dans tous nos cœurs, cet élan spontané et irrésistible qui pousse nos populations au-devant de vous, nous rappelle le souvenir d'une de ces grandes apparitions que l'Ecriture caractérise par ces mots si simples et si énergiques : *fuit homo missus a Deo cui nomen erat Joannes.* Oui, Monseigneur, vous êtes l'envoyé de Dieu par le caractère sacré dont vous êtes revêtu, vous l'évêque et le pasteur de nous tous. Vous l'êtes par cet ensemble de vertus, splendide couronne de votre âme, par cette inexprimable charité qui ravit tous nos cœurs : car, si nous vous aimons de toutes nos forces, c'est que nous sentons que vous nous avez aimés le premier, et que jamais nous ne serons assez puissants pour élever notre amour à la hauteur de cette charité douce, tendre, féconde, inépuisable que le Seigneur répand en vous.

» Mais, Monseigneur, si j'ose le dire, vous l'êtes encore davantage l'envoyé de Dieu, par une vérité qu'exprime la noble devise que vous avez choisie, et qui caractérise si bien votre épiscopat dans l'Eglise. *Scio cui credidi.* Quelle pensée plus profonde, plus saisissante, plus salutaire que celle-là !

» Ce qu'il faut à notre siècle, c'est la science, mais la science large, étendue, profonde, qui saisisse l'ensemble des faits et des lois, qui s'élève à la contemplation des causes, qui, par suite, grandisse le cœur, ennoblisse le caractère, la science enfin, rayon de la face divine, pénétrant l'âme humaine, l'illuminant, la transfigurant toute entière. Or, cette science, qui est la vôtre, Monseigneur, n'est possible que par la foi ; elle est le développement, la germination de la foi. C'est ce qu'ont proclamé tous les Pères de l'Eglise, tous les sages du catholicisme, tous ces grands génies, l'éternel honneur de la pensée humaine, c'est ce qu'avait dit avant eux d'une manière plus puissante et plus concise le chantre d'Israël. C'est aussi ce qu'affirme et proclame l'histoire de tous les siècles.

» Qui de nous n'a pu se convaincre, en effet, que lorsque l'esprit humain dominé par un sot orgueil, autant que par une coupable impiété, a la triste folie de repousser tout enseignement révélé, de nier la parole divine, à l'instant même sa puissance s'affaiblit d'une manière prodigieuse, il n'aime plus à plonger ses regards dans les vastes horizons du monde de la pensée, il dédaigne de méditer sur les premiers principes, lumière de toute intelligence ; il ne se plaît que dans les sciences de détail, d'application, dans ces études qui, n'élevant pas l'âme, préparent la faiblesse des caractères, la lâcheté des cœurs? Qui de nous n'a pas été frappé de cet abaissement des esprits, qui depuis quelques années les porte à dédaigner les sciences religieuses, qui rend facile le triomphe de ce qu'on appelle les doctrines positivistes, qui ne sont qu'un matérialisme grossier et abject? Désolantes doctrines que les organes de la presse répandent partout.

» Quel remède à ce mal, qui grandit sans cesse, et qui établit entre le temps où nous vivons et les plus mauvais jours du dix-huitième siècle de si tristes, de si frappantes ressemblances? Pas d'autre que la science qui a sa source et sa vie dans la foi, que la science dont le prêtre est le représentant et le gardien. Aussi, à votre apparition dans le diocèse, les études ecclésiastiques ont pris un vigoureux élan. Car une des causes qui contribue le plus à l'affaiblissement des esprits, au triomphe de l'erreur, c'est lorsque cette grande parole de l'Ecriture : *labia sacerdotis custodient scientiam* n'est plus réalisée.

» Cette action de la foi, condition nécessaire à l'existence de la science large, grande, profonde, je puis tous les jours l'apprécier dans cette bonne paroisse de Puylaurens. C'est parce qu'elle a conservé ces trésors de foi qu'elle avait reçue de ses ancêtres les plus reculés, et qu'avaient agrandi les pasteurs placés à sa tête, à la fin du siècle dernier, et au retour de l'exil qu'elle a la science la plus indispensable aux populations, celle d'écouter ceux qui ont la mission de l'instruire, et par la lumière de leur enseignement, de comprimer ces instincts bas et égoïstes qui triomphent en tant de lieux. C'est parce qu'elle a conservé sa foi, qu'elle s'est levée comme un seul homme sous la brûlante parole de ces fils de saint François, le grand apôtre des siècles de dévouement et de gloire, et qu'avec de modestes ressources, elle n'a pas hésité à élever à celle qui est la reine de l'Eglise, la patronne de la France, ce beau monument que vous êtes venu consacrer et bénir. »

Monseigneur a répondu en ces termes :

« C'est vrai, mon cher curé, j'ai l'honneur de porter le même nom que le glorieux précurseur du Sauveur et de remplir quelques-unes de ses augustes fonctions. Mais que je suis loin de ce grand ascète. Sa vie était si admirable, il était d'un zèle si ardent qu'on le regardait comme un prophète; quelques-uns même n'étaient pas éloignés, à cause de la coïncidence des temps, de le considérer comme le Messie promis aux nations.

» Vous savez, mon cher curé, la réponse que ce grand saint fit à la députation que le sanhédrin lui avait envoyée : Non je ne suis pas le Christ, non je ne le suis pas; non je ne suis pas prophète. Je suis la voix de celui qui crie dans le désert : Préparez les voies au Seigneur, rendez droits les sentiers.

» Moins que lui je ne viens ni en thaumaturge, ni en prophète, le Seigneur distribue ses faveurs à de plus méritants que moi ; mais ce que nous désirons être pour les peuples qui nous sont confiés, c'est d'être le digne héraut de la parole évangélique. »

Sa Grandeur est ensuite entrée dans le sanctuaire, et dans un langage à la fois noble et simple, elle a développé aux foules ravies de l'entendre de grandes et belles pensées. En voici la substance.

« En paraissant au milieu de vous je me rappelle ces paroles du Sauveur : *Comme mon Père m'a envoyé ainsi je vous envoie.* — Qu'étaient que ces envoyés de Jésus de Nazareth ? Étaient-ce des hommes qui venaient donner les trésors de la terre, accroître les puissances de l'industrie, etc., etc.? Non, ils venaient convertir le monde à la folie de la Croix, qui est la sagesse de Dieu; ils venaient sauver les âmes, leur donner le bonheur et la paix. Cette mission ils l'ont remplie avec une puissance toute divine, ils ont converti le monde par la prédication de Jésus-Christ, ils ont fondé l'Église et produit la cause première de toutes les grandeurs et de toutes les gloires des temps chrétiens.

» Qui maintenant viendra arracher à l'Eglise, à Nous successeurs des apôtres ce divin Sauveur! N'est-il pas la vérité et et la vie : la vérité qui illumine les intelligences de célestes clartés; la vie qui féconde les cœurs et leur fait produire les plus héroïques vertus! N'est-il pas seul la voie qui conduit à cette vérité; la voie où se trouve cette vie ? A mesure que les nations s'approchent de lui ne sont-elles pas plus vivantes, plus éclairées? Et au contraire, à mesure aussi qu'elles s'éloignent ne se plongent-elles pas dans les épouvantables abîmes de l'impiété et de la barbarie ? »

Le dimanche matin fut chantée la messe pontificale; la sainte communion fut donnée à plus de douze cents personnes. Après cette cérémonie, aussi pieuse que brillante, le sacrement de la Confirmation fut administré à près de quatre cents enfants. Avant l'administration de ce sacrement, Monseigneur, dans une simple et brillante improvisation développa les pensées suivantes :

» *Je m'en vais, il est utile que je m'en aille, car je vous enverrai l'esprit consolateur.* Quel est cet Esprit dont parle le divin Sauveur? C'est l'Esprit du Père, l'Esprit du Fils, l'Esprit qui procède du Père et du Fils, égal et consubstantiel au Père et au Fils ; c'est l'Esprit consolateur, l'Esprit qui pénètre au plus intime de l'âme, qui en fait un temple vivant, un sanctuaire où le Dieu trois fois saint aime à résider. Cet Esprit est l'Esprit d'amour, de sagesse. Quelle sagesse ? la sagesse humaine, la sagesse d'Athènes, de Memphis, d'Alexandrie? C'est mieux que cela; c'est la science, la sagesse, la lumière mêmes de Dieu; c'est la lumière qui nous éclaire dans la voie qui ne permet pas de s'égarer; la sagesse qui prépare la claire vision de l'Eternité et y conduit sûrement. C'est l'Esprit qui nous enseigne toute vérité......

Non seulement c'est l'esprit de Sagesse que vous allez recevoir mais encore l'esprit de Force. Par le baptême nous ne sommes que des enfants *sicut modo geniti infantes*; le saint Esprit nous donne la force de l'homme parfait, de celui qui est arrivé à la plénitude de la vie, qui a conquis la totalité de l'existence... Vous allez recevoir aussi le don de Piété, cet Esprit qui fait goûter les choses de Dieu... »

Monseigneur, avec une admirable puissance de pensée, et une grande majesté de langage, achève l'exposition de l'effet de chacun des dons du saint Esprit sur l'âme humaine.

C'est dans la soirée qu'eut lieu la cérémonie qui avait surtout attiré Sa Grandeur à Puylaurens. Monseigneur de Jerphanion ayant terminé, il y a deux ans à peine, à Puylaurens même, un épiscopat qu'une inépuisable bonté rendra toujours cher au diocèse d'Albi, ce n'eût été que dans quelques années que la paroisse pouvait espérer avoir le bonheur de recevoir Monseigneur Lyonnet. Le couronnement de la Vierge, et la bénédiction du monument qui lui est consacré devait être précédé de la procession du très-saint Sacrement. Cette procession a été splendide. — Par ce zèle brûlant qui caractérise la paroisse, deux haies de verdure avaient été élevées sur tout le parcours de la procession; des arbres tout entiers avaient été arrachés et transportés comme par enchantement; une multitude de reposoirs avaient été construits et ornés avec le goût le plus exquis. Un clergé brillant et nombreux s'était empressé de se rendre à cette solennité et en rehaussait l'éclat. On remarquait M. l'abbé Dougados, vicaire-général; M. l'abbé Berbié, chanoine titulaire, secrétaire-général de l'archevêché; M. l'abbé Amans, curé de Saint-Alain, archiprêtre de l'arrondissement ; le très-révérend Père Mourey, directeur de l'Ecole de Sorèze, etc., etc. Par une gracieuse attention, dont la paroisse gardera toujours un précieux souvenir, le très-révérend Père Mourey avait bien voulu conduire à cette fête la musique de l'Ecole.

La couronne qui devait être posée sur la tête de la statue de la Vierge était placée sous un magnifique pavillon porté par quatre enfants de chœur. Elle était accompagnée par quatre vénérables ecclésiastiques et par une députation de jeunes personnes de la Persévérance, en habits blancs, tenant un oriflamme à la main. Le pavillon était placé à quelques pas en avant du dais. Le très-saint Sacrement était porté par Monseigneur.

Quand la procession eut terminé son parcours, le très-saint Sacrement fut reconduit à l'Eglise avec les solennités convenables; plus de dix mille personnes se trouvèrent réunies sur la place où est érigé le monument. Les bénédictions ayant eu lieu, la couronne fut remise par Monseigneur à M. le curé de la paroisse qui monta sur une échelle, et la confia à un ouvrier; elle fut vissée sur la tête de la statue de Marie. Le beau cantique Vierge Marie... fut chanté avec un élan d'enthousiasme impossible à redire. Alors le Père Marie-Antoine se leva. Placé à un point d'où il dominait de la voix et du geste son immense auditoire, il s'écria : Vive la sainte Vierge! Et dix mille voix répondirent : Vive la sainte Vierge.

« Oui, mes frères, vive la sainte Vierge, mère du Verbe, Dieu de toute éternité et fait homme pour nous dans le temps. Fils unique du Père éternel dans l'éternité, il est, dans le temps, le fils unique de Marie.

» Triomphant avec son Père dans l'éternité, il a voulu triompher avec sa mère sur la terre!... Et nous venons d'assister à son triomphe!... Oh qu'il a été beau ce triomphe dans cette cité! Oh qu'il était ravissant de gloire et d'amour ce Dieu du ciel et de la terre, caché dans cette hostie que portait dans ses mains notre bien-aimé Pontife?

» Gloire à vous habitants de Puylaurens, qui avez préparé ce magnifique triomphe !

» Gloire à vous, Monseigneur, dont la présence lui a donné son plus bel éclat ! Mais gloire surtout à vous ô Marie, mère immaculée de Notre Seigneur Jésus-Christ ! Pour la première fois, du haut de cette colonne, vous avez contemplé le triomphe de votre fils. Ah ! nous ne séparerons jamais le Fils de la Mère, nous ne commettrons jamais ce crime et nous répéterons tour à tour :

» Vive Notre Seigneur Jésus-Christ !

» Vive la sainte Vierge !

» Oh ! qu'il est beau, mes frères, cet immense cri d'amour ! Le ciel et la terre ont tressailli en l'entendant sortir de vos poitrines !

» Oui, tout ce qu'il y a de grand au ciel et sur la terre aime la sainte Vierge, exalte, bénit, glorifie la sainte Vierge.

» Dans la Trinité elle a trouvé la première gloire et le premier amour.

» Le Père la glorifie et l'aime comme sa fille.

» Le Fils la glorifie et l'aime comme sa mère.

» Le saint Esprit la glorifie et l'aime comme son épouse.

» Avec la Trinité tout entière, amour, gloire à Marie.

» Vive la sainte Vierge !!!

» Au ciel, tous les Chœurs Angéliques environnent son trône : les Séraphins, les Chérubins, les Dominations, les Trônes, les Puissances, les Vertus, les Principautés, les Anges, les Archanges, toutes les célestes phalanges aiment la sainte Vierge, toutes la proclament leur Reine.

» Au milieu de ce concert angélique, il n'y a que la voix des anges coupables, que je n'entends pas, et la première voix qui a voulu se taire est la voix de Satan, et le premier cœur qui n'a pas voulu aimer la sainte Vierge est le cœur de Satan ; à la place de ces voix qui se taisent, à la place de ces cœurs qui ne veulent pas aimer, unissons tous nos cœurs, unissons tous nos voix et répétons tous ensemble :

» Vive la sainte Vierge !

» Après la Trinité, après les Anges du ciel ; voyez ce qu'il y a de plus grand sur la terre ; entendez ce concert immense, universel. — Les Patriarches voient la Vierge dans leur espérance et la saluent dans des transports de joie ; les Prophètes l'annoncent, les Apôtres la proclament, les Martys chantent son nom au milieu des supplices, les Confesseurs la prient dans leurs ravissements, les Vierges la suivent, les Docteurs la défendent, les poètes la chantent, les génies la glorifient, les rois et les empereurs la bénissent et lui consacrent leur empire et leur couronne, avec tout ce qui est grand, avec tout ce qui est saint, avec tout ce qui est noble, avec tout ce qui est pur, avec tout ce qui est intelligent, avec tout ce qui est magnanime sur la terre répétons encore une fois :

» Vive la sainte Vierge !

» Dans toutes vos voix, il me semble entendre la voix de vos pères, les vieux enfants de la France, dont vos vieilles murailles me rappellent les combats.

» Ah ! elle date de plus de trois siècles cette noble devise que nos pères répétaient :

» *Regnum Galliæ, Regnum Mariæ.*

» Oui, tout ce qui a été bon français dans tous les siècles, et tout ce qui est resté bon français aime la sainte Vierge et crie avec nous :

» Vive la sainte Vierge !

» Oui, dans notre xixe siècle plus que jamais, la sainte Vierge est aimée, la sainte Vierge est bénie, la sainte Vierge est couronnée.

» Aussi dans notre siècle plus que jamais, la sainte Vierge nous protégera, nous défendra, et écrasera Satan, notre ennemi. Dans notre siècle plus que jamais la sainte Vierge protégera la France et l'Eglise catholique, et ramènera dans son sein tous ses enfants qui l'ont abandonnée et qui se meurent loin d'elle !

» Pie IX, notre bien-aimé et glorieux pontife, l'a compris,

il a mis son règne sous la protection de Marie, il a couronné Marie de son plus beau diadème en la proclamant immaculée !

» Gloire immortelle à ce glorieux pontife !
» Vive notre saint Père le Pape ! vive Pie IX.

» Le bien-aimé Pontife de ce diocèse l'a compris, il a mis tout son diocèse sous la protection de Marie et il tressaille aujourd'hui d'allégresse en bénissant cette couronne, en lui offrant cette couronne :.

» Vive Monseigneur l'Archevêque !

» Le bien-aimé pasteur de cette paroisse l'a compris, il a consacré depuis longtemps son troupeau à Marie, c'est par Marie qu'il a remporté toutes ses victoires, c'est par Marie qu'il a obtenu toutes ses grâces et en particulier la grâce par excellence de la mission.

» Aussi il a voulu que ce monument demeurant comme un éternel souvenir de ses triomphes et de ses joies de pasteur, et en votre nom il a porté lui-même la couronne à Marie :   » Vive le bon Pasteur !

» Mais ce n'est pas assez ! donnez-moi maintenant tous vos cœurs, unis au cœur de vos missionnaires, de ces vénérables prêtres, de votre bon pasteur, de ce bien-aimé pontife, du glorieux Pie IX, ils formeront pour Marie la plus belle des couronnes qui est pour tous le gage assuré de celle que Marie nous prépare à son tour dans les cieux !

» Vive la sainte Vierge ! »

Il est impossible d'exprimer l'enthousiasme qu'excitèrent ces paroles.

———

Dans la soirée toutes les maisons furent illuminées et pavoisées avec une magnificence vraiment remarquable. Dans toutes les rues retentissaient des cantiques à la Vierge. A la vue de cet enthousiasme si vif et cependant si calme, si digne, on se croyait revenu à ces siècles de foi, où l'égoïsme n'arrêtait pas l'élan des âmes, à ces siècles où l'amour de la religion conservait, purifiait, exaltait tous les autres. — Malgré des fatigues écrasantes Monseigneur voulut se retrouver encore une fois au milieu de son peuple; il parcourut quelques rues de la ville. Entouré instantanément par la population toute entière, porté comme en triomphe, on sentait qu'il goûtait les joies les plus vives de son âme, celles de se trouver au milieu de ses enfants; comme aussi, jamais enfants entourant leur père n'avaient été plus heureux.

La matinée du lundi fut employée à consacrer l'église de Saint-Loup, juste dédomagement accordé par Monseigneur, en récompense des généreux efforts que le curé de cette paroisse a faits pour élever son Église, et la décorer avec intelligence et goût. Sa grandeur rentra dans la soirée à Puylaurens.

Les sœurs de la Croix ayant ajouté à leur maison déjà si belle et si bien située, de grandes et magnifiques constructions pour les diverses classes d'élèves confiées à leur sollicitude, (classes gratuites et communales, externat, pensionnat) (1), Monseigneur avait bien voulu promettre de bénir ce nouvel établissement. — Toutes les élèves, en habits blancs, bannières en tête, sortirent pour aller au-devant de Monseigneur et le conduisirent en procession, du presbytère au pensionnat. Reçu dans les vastes salles de l'établissement, entouré de toutes les élèves et d'un grand nombre de mères de famille, Mademoiselle Marie Fauré, de Marseille, avec une voix émue, mais cependant fortement accentuée, adressa à Sa Grandeur les paroles suivantes :

---

(1) Il y a dans cette maison d'instruction plus de 30 élèves internes.

Monseigneur,

« Qu'il nous soit permis de prendre part à cette grande et belle fête que cause, parmi nous, votre présence. Quoique nous soyons la partie la plus petite du troupeau confié à votre sollicitude, nous ressentons vivement toute la joie qu'éprouvent nos populations en vous voyant. Nous la ressentons d'autant plus fortement, Monseigneur, que la ressemblance si vive et si frappante que vous avez avec le divin Sauveur, qui a tant aimé les enfants, nous assure que nous avons dans votre cœur une place spéciale et réservée »

Puis plusieurs jeunes élèves, avec une grâce charmante, chantèrent plusieurs morceaux, entr'autres : la bouquetière de Marly, chantée par Mademoiselle Lucie Fauré; le petit Mouton, par Mademoiselle L. Philippou; les frais Lilas, par Mesdemoiselles L. Philippou et A. Bruyères; la leçon de Musique, par Mesdemoiselles Marie et Clotilde Montagne; le grand chœur du Carrillon, etc. etc.

Une autre fête attendait encore sa Grandeur. La veille elle avait eu la bonté de présider une réunion de la conférence de saint Vincent-de-Paul de Puylaurens (1). Le

---

(1) Dans cette séance, M. le Président prononça un discours aussi remarquable par l'élévation des pensées que par la grâce et la pureté du langage. Nous regrettons vivement, faute d'espace de ne pouvoir le reproduire en entier. A notre bien grand regret nous nous voyons forcé de nous borner à citer le résumé des œuvres de la Conférence, depuis 1856, époque de sa fondation, et le pieux souvenir de Monseigneur Jerphanion, qui avait si vivement encouragé cette œuvre.

« Voici, Monseigneur, le compte rendu de nos œuvres depuis la fondation de la conférence jusqu'à ce jour:

» Nous avons distribué à vingt familles en moyenne de nos pauvres, dix-huit mille kilogrammes de pain formant une dépense d'environ cinq mille quatre cent francs. Les secours en argent, en vêtements, en bois et en réparations se sont élevés à sept cent francs.

lundi soir le tirage d'une loterie au profit des pauvres visités par la conférence devait avoir lieu dans le beau local des frères de la doctrine chrétienne, qui avait été splendidement décoré et illuminé. Une réunion brillante et nombreuse attendait Monseigneur. On sentait que la population ne se trouvait heureuse que sous le regard de son pasteur bien-aimé. Au commencement de la soirée, fut chanté un hommage à Monseigneur, par M. Pagés Emilien,

» Pendant plusieurs années, nous avons cru pouvoir utiliser une partie de nos fonds d'une manière plus convenable et plus salutaire. Nous avons voulu enlever de jeunes filles aux tentations de la misère, de la vanité, de l'oisiveté qui amènent si souvent leur ruine. Privée de leurs soutiens, de leur guides naturels, nous les avons placées sous la direction de pieuses religieuses, afin que, munies de bons conseils et de continuels exemples, fortifiées par la pratique des sacrements, elles pussent, avec les grâces et les secours d'en haut, parcourir dans le monde une carrière si hérissée d'écueils. Notre caisse a fourni pour cette œuvre une somme de six cents francs.

» Nous avons, Messieurs, à acquitter une dernière dette de reconnaissance et d'amour. Sa Grandeur voudra bien nous pardonner cette mémoire du cœur. Non, nous ne pourrons oublier jamais cet appui bienveillant que son éminent prédécesseur daigna nous accorder d'une manière si paternelle. Nous n'oublierons jamais ce guide plein de douceur et d'amour qui, pour nous adresser des pieuses exhortations, rappelait à lui les dernières ardeurs d'une vie qui s'éteignait. Les fibres de nos cœurs tressailleront toujours en pensant, qu'ici même, terminant son vertueux et glorieux apostolat, il nous donna avec toute l'effusion de son cœur, au nom de Dieu, une de ses dernières et plus touchantes bénédictions qu'il allait lui demander de ratifier dans le ciel. O saint Pontife ! après avoir été notre guide et notre soutien sur cette terre, daignez continuer votre puissante protection dans le séjour céleste à ceux qui vénèrent ici-bas votre mémoire. Et vous Pontife de la terre qui, favorisé des mêmes don de Dieu, continuez parmi nous avec un même cœur les mêmes travaux, demandez au Dieu d'amour, nous vous en supplions, les mêmes grâces que sollicite pour nous celui que vous remplacez si heureusement. Et sous vos auspices, soutenu par vos encouragements et vos bénédictions, nous obtiendrons de la divine miséricorde un accroissement de cette vertu de charité, qui, principe de tout vrai et généreux dévouement, purifiera nos cœurs, les fécondera et leur fera porter des fruits de plus en plus abondants pour notre salut et pour le soulagement des misères matérielles et morales de nos pauvres. »

jeune élève des frères (1), dont la voix a une fraîcheur et une suavité vraiment remarquables; puis la romance : *Pitié pour elle*, par M. Negrier Casimir, voix de baryton des plus vibrantes; l'Enfant de chœur, par M. Pagés Emilien; la Pluie, par M. Pauthe Emile, voix de ténor, aussi sympathique que brillante ; le Dindon, duo par Messieurs Mitry Aimé et Roques Emilien. Puis Monsieur le président de la conférence s'est levé et a prononcé des paroles qu'il faut reproduire en entier :

Monseigneur — Messieurs,

Il y a dans le cœur de l'homme un sentiment naturel de sympathie pour le malheur et l'infortune. Cette bonté instinctive est quelquefois refoulée au fond du cœur et bien souvent étouffée par l'égoïsme prenant les formes et les caractères, tantôt tour-à-tour et tantôt à la fois, de la sen-

---

(1) Voici cet Hommage, (paroles et musique de M. Bouéry).
CHOEUR.
Enfants reconnaissants,
Unissons nos cœurs et nos chants!
Dans ce beau jour qui nous rassemble,
Jour rempli des célestes faveurs,
Chantons, chantons tous ensemble
Le Pontife cher à nos cœurs!
Celui que notre amour
Vient entourer dans cet asile,
Pour nous, chaste Cécile,
Son cœur t'invoque chaque jour...
Conjure Dieu de rendre à ce bon père
Tous les bienfaits qu'il répand parmi nous,
Et dans nos voix, aujourd'hui, pour lui plaire,
Mets des accents plus purs et des accords plus doux.

O vénéré pasteur
Qui nous vouez votre existence,
O vous de notre enfance
Le ferme appui, le protecteur,
Que vos vertus nous servant de modèles,
Viennent du ciel nous ouvrir le chemin;
Que sur vos pas vos fils toujours fidèles
Vers Dieu marchent toujours en se donnant la main!

sualité, de l'envie, de l'orgueil, de la haine. Le bon grain et l'ivraie prennent tous les deux racine dans notre pauvre cœur devenu l'arène où luttent le bien et le mal, où la miséricorde se trouve aux prises avec la double volupté de l'esprit et du corps.

Cette lutte, aussi ancienne que le monde, aussi persistante que la coexistence du bien et du mal, s'est produite et s'est manifestée avec des effets et des résultats bien différents.

Dans les sociétés antiques l'égoïsme devait l'emporter. L'appui de Dieu paraissait manquer à cet instinct de compassion déposé dans le cœur de l'homme. La pitié sans guide et sans soutien combattait seule sans armure. L'égoïsme combattait avec tout le cortège des passions humaines. Et comme si ce n'était pas assez, les institutions sociales, au lieu de demeurer simples spectatrices, préparaient le terrain de ce combat inégal. Elles jetaient un voile d'ignominie sur la miséricorde et sur son objet; elles traînaient dans la poussière les fronts des classes laborieuses et infortunées. Tandis que l'esprit public élevait des temples au dédain et au mépris de ce rebut de la société. L'orgueil du puissant et du riche s'élevait dans un nuage d'encens. Le malheur, l'infortune, c'était l'œuvre inexorable du destin : c'était le fruit de la haine des Dieux ; c'était un châtiment mérité. Pas de compassion, pas de secours, pas de relation avec la classe maudite. C'était un ennemi qu'il fallait toujours comprimer, abattre et avilir.

Le christianisme vint renouveler la face de la terre. Jésus-Christ *pauvre,* les apôtres *pauvres,* non seulement détruisirent la honte attachée à la pauvreté, mais encore ils la marquèrent du sceau divin. Elle ne fut plus seulement une punition, un châtiment, mais une expiation, une purification, une préparation et un gage de la vie céleste. La promulgation de la même paternité, et par suite de la fraternité, détruisit l'inégalité prétendue d'origine et de race.

Enfin la charité dont Jésus-Christ était le fondement, le propagateur, le modèle et l'aliment venait déclarer une guerre victorieuse à l'égoïsme. La loi d'amour remplaçait la loi de haine. Dieu, la société, la religion se déclaraient pour la miséricorde. Et, avec cet appui, elle pouvait lutter contre toutes les passions qui avaient envahi le cœur de l'homme. Oh! ne l'oublions pas. C'est le catholicisme seul qui a enfanté la charité, qui en a fait un précepte et un digne attrait. C'est lui seul qui a rendu efficace la miséricorde. Les sociétés modernes qui ont fait divorce avec le catholicisme n'en ont pas moins reçu de lui ces principes acclimatés dans toutes les sociétés chrétiennes et qu'il maintient dans leur sein par le parfum que son atmosphère développe et répand même à leur insu.

La miséricorde et la charité ce sont les deux pôles d'un même courant qui s'attirent mutuellement. La miséricorde excite la charité. La charité commande, soutient et fortifie la miséricorde. Aussi tout acte de miséricorde devient un acte méritoire et joyeux. Il est joyeux parce que le sentiment de la pitié est satisfait, il est joyeux parce que l'amour pur et véritable a trouvé un aliment, il est joyeux de la joie que donne au cœur et à l'esprit le devoir accompli.

Aussi, Messieurs, les réunions qui ont pour but de concourir au soulagement des pauvres, toutes les œuvres entreprises à cet effet, sont appelées, à bon droit, fêtes de charité.

C'est à une de ces fêtes que nous vous avons conviés, à une de ces fêtes dégagée de tous ces appareils qui en grandissent l'éclat, mais qui souvent par les moyens en sapent le mérite. Nous vous avons appelé à venir grossir les fonds d'une société catholique qui s'est donnée la mission de soulager l'infortune, de calmer la douleur, soit que le malheur ait pris déjà place au berceau de l'enfant, soit qu'après des jours sereins, des nuages de toute sorte amoncelés sur sa tête ait précipité l'homme dans des abîmes où le malheur exerce sur le corps, sur l'esprit et sur le cœur des tortures que souvent Dieu seul connaît.

Monseigneur, au milieu de vos courses apostoliques parmi des populations heureuses d'être placées sous votre houlette pastorale, après les magnificences d'une fête durant laquelle tous les cœurs battaient à l'unisson de celui du vénérable pontife, célébrant dans nos rues le triomphe du Verbe incarné et donnant de nouveau la sainte Vierge pour patronne à cette paroisse au pied d'un monument, digne fruit de sa piété et de ses sacrifices ; après la pieuse mais pénible consécration d'un temple, témoignage du zèle intelligent et charitable d'un curé de nos paroisses rurales, vous avez voulu consacrer les quelques instants d'un repos que vos fatigues ont rendu si nécessaire à venir encourager nos travaux. Vous avez bien voulu donner par la présidence que vous avez daigné accepter, non seulement un éclat inaccoutumé à cette fête de famille, mais une bénédiction spéciale à notre œuvre et à tous ceux qui y ont concouru. Comment vous en remercierais-je dignement ? A mesure que vos bontés réitérées ont accru notre gratitude, elles l'ont rendue plus difficile à exprimer. Je me tairai, ma parole est impuissante pour exposer notre reconnaissance qui laissera dans nos cœurs un impérissable souvenir.

Merci de l'honneur que vous nous avez fait, vous Messieurs, qui vous êtes faits pauvres pour ennoblir la pauvreté, qui exercez avec tant de zèle et de fruit l'Apostolat de la charité dans ce qu'il y a de plus noble, de plus élevé, de plus nécessaire. Vous aussi, jeunes ecclésiastiques, qui, après avoir dignement rempli les devoirs de votre ministère, savez encore par vos exemples et vos paroles donner des encouragements aux modestes ouvriers de la charité matérielle.

Merci à vous, cœurs généreux, de l'empressement que vous avez mis à inscrire vos noms sur les listes de la charité qui deviennent des titres pour les pauvres. Ce n'est pas l'appât d'un modeste gain, mais le désir de l'aumône qui vous a porté à faire un sacrifice pour vos frères.

Merci à vous, en particulier, à vous, Mesdames, des dons que vous avez remis pour notre œuvre. Ces lots faits, la plupart par d'habiles mains, dirigées par des cœurs compatissants, montrent combien votre charité est ingénieuse pour rendre fructueux vos moments de loisir. La pensée du bien qui dirige toutes vos actions, inspire encore vos délassements.

Que notre Auguste Impératrice, dont le cœur encore plus que le rang lui a mérité le titre de protectrice de toutes les œuvres de charité, de consolatrice de toutes les infortunes, reçoive ici l'expression de nos sentiments de la plus respectueuse reconnaissance pour la sympathie qu'elle nous a témoignée, en voulant s'associer à notre loterie et nous accorder un don qui sera un gracieux souvenir de son inépuisable bonté.

Recevez nos sincères remercîments, vous Messieurs, qui généreusement pour solemniser cette fête, avez mis au service de Dieu et des pauvres le beau talent que la Providence vous a confiés.

Vous, chers Frères (1), qui avez mis avec tant d'empressement votre maison et votre intelligente activité au service d'une œuvre à laquelle vous avez voulu prendre part, parce que rien de ce qui touche à la charité ne vous est étranger.

Mais que fais-je! Au-dessus et bien au-dessus de nos

---

(1) Les Frères de la doctrine chrétienne ont, à Puylaurens, un établissement d'instruction admirablement bien dirigé; plus de 200 élèves fréquentent leurs classes: ils ont eu au concours départemental de 1865, onze nominations et cinq prix. Le zèle de ces dignes religieux ne se borne pas aux enfants, des classes d'adultes leur sont confiées; elles ont été fréquentées en 1866 par plus de 180 hommes. La bonne tenue de ces classes a mérité les éloges de M. le Préfet du Tarn.

remercîments et de notre reconnaissance, n'y a-t-il pas la satisfaction de votre cœur? N'y a-t-il pas là joie de celui que je n'ai pu ni louer, ni remercier, parce qu'il est le principal moteur de cette fête qui est son œuvre plus que la nôtre. N'est-ce pas lui, qui par sa parole douce, ardente, sympathique en harmonie avec les vibrations de son cœur a mis en mouvement les fibres du vôtre et produit ces élans de charité. Sa joie est pour vous une récompense plus précieuse que nos remercîments, et la reconnaissance de vos cœurs est plus puissante que ma parole pour lui exprimer toute notre gratitude.

Puissions-nous, Messieurs, distribuer dignement les fonds que votre charité nous a confiés. La reconnaissance nous impose aujourd'hui de nouveaux devoirs, nos efforts tendront à les réaliser et nous y parviendrons, je l'espère, avec la grâce et la bénédiction de Dieu, que nous supplions sa Grandeur de lui demander pour nous et de nous accorder en son nom.

Après ces nobles paroles M. Pautho, ancien membre du conseil général, a lu une pièce de vers qui a fait le plus grand plaisir à la réunion et qui a été chaleureusement applaudie. Voici cette pièce :

>   Sur les bords où, de l'aurore,
>   Jaillit la première lueur,
>   L'esprit chrétien venait d'éclore
>   Dans tout l'éclat de sa grandeur,
> Lorsqu'un ancien, qu'inspirait la sagesse,
>   Disait aux Romains étonnés :
> Les seuls trésors dont on jouit sans cesse
>   Sont ceux que l'on a donnés.
>   Ce beau trait de l'épigramme
>   Que légua Martial à la postérité,
>   N'était-il pas le sentiment d'une âme
> Qu'illuminait déjà la sainte charité?
> Cette fille du ciel, descendue au Calvaire,
>   Vivait alors sur la terre;
> Ces doigts mystérieux y tressaient les liens
> Qui devaient, dans l'amour, unir tous les chrétiens.
> C'est elle qui depuis favorise et féconde
>   Les œuvres de fraternité
>   Qui s'accomplissent dans le monde,
>   Pour secourir l'adversité.

Son haleine bienfaitrice
Eloigne, du cœur humain,
Et les calculs de l'avarice
Et l'oubli des maux du prochain,
Comme le souffle de la brise
Chasse, de l'atmosphère, un miasme malin
Qui se retire, se divise
Et disparait dans le lointain.
Quel attrait, quelle puissance
Arrache au bonheur du foyer,
Ces Vierges dont la bienfaisance
Grandit avec le danger?
Ces nobles cœurs dont l'existence
N'est qu'un tissu de patience,
De dévouement, d'humilité!
C'est elle, c'est la charité..
C'est elle encore dont l'aile tutélaire
Abrite le pauvre orphelin,
Elle a, comme une tendre mère,
Pour le nourrir, le lait du sein;
Pour le soigner, la main légère;
Pour l'endormir, le doux refrain.
L'indigent et le riche en partagent les charmes
Et, tandis que de l'un elle tarit les larmes,
L'autre lui doit le bonheur de penser
Qu'au ciel il est un dieu pour le récompenser.
Tels sont les fruits d'une pieuse aumône.
Vous le savez mieux que personne,
Courtisans du malheur, bienfaiteurs généreux,
Que saint Vincent-de-Paul instruit à son école,
Quand vous portez, à vos pauvres honteux,
Le pain qui les nourrit, le mot qui les console
Et vos exemples vertueux.
Et, cependant, l'ardeur qui vous entraine
Sous le toit de l'adversité,
Serait souvent stérile et vaine
Pour en bannir la faim, la soif la nudité,
Sans le concours et l'assistance
De ceux à qui la Providence
A fait les doux loisirs de la prospérité.
A l'œuvre! Dieu le veut! Cette solennité
Que bénit par sa présence
Notre Pontife vénéré,
Doit être, pour la pauvreté,
Après ce jour de joie, un gage d'espérance.
Donnons pour le vieillard qui, sous le poids des ans
A perdu le soutien de ses bras impuissants;
Sur son front, sillonné par de profondes rides,
La souffrance a laissé ses empreintes livides.

Il a tout épuisé; mais le respect humain
L'empêche de se plaindre et de tendre la main.
      N'attendons pas qu'il succombe!
Donnons pour que la faim ne creuse pas sa tombe
     Et, qu'à l'instant de son trépas,
     Il ne nous maudisse pas.
Donnons pour les enfants isolés sur la terre;
Ils lèvent vers le ciel leur humide paupière,
Cherchant d'où leur viendront les soins et les secours
Dont ils ont vu tarir la source salutaire
Quand la mort a frappé les auteurs de leurs jours.
Pitié, pitié! pour eux; le vent de la misère
Les flétrirait comme ces jeunes plants
Que, sur un sol aride, ont brûlé les autans.
Donnons, surtout, pour celles que leur âge
    Expose aux périls de l'orage
    Où l'innocence et la candeur
  Font, quelquefois, un si triste naufrage.
Chacun de nos bienfaits gardera dans leur cœur,
    Le sentiment de la pudeur,
    Comme la goutte de rosée,
    Par l'aurore déposée
    Dans le calice d'une fleur,
En conserve l'éclat, la vie et la fraîcheur.
Donnons encore, afin que, dans sa course,
    Tout déshérité du destin
Ait, pour se reposer, la pierre du chemin,
Pour se désaltérer, un peu d'eau de la source,
Et, pour ne pas mourir, les restes du festin,
Dont les heureux du temps ne voient jamais la fin.
    Les passereaux et leur famille
    N'ont-ils pas, après la moisson,
    Les grains de blé que la faucille
    Laissa tomber dans le sillon?
  Donnons, donnons! de l'obole versée
    Dans la main vide du malheur
Il jaillira pour nous la plus douce pensée
    De paix, de joie et de bonheur.
  Alors enfin, dans notre âme ravie,
    Une voix de sainte harmonie,
Répètera ces mots par le ciel inspirés :
    L'on ne jouit toute la vie
    Que des trésors qu'on a donnés.

Comme clôture, *Le chemin de fer* a été chanté avec une précision et un ensemble qui ne laissaient rien à désirer. M. Bouery, qui eu a une si large part dans tout ce qu'il y avait de brillant dans cette soirée, accompagnait tous les chants. Nous louerions avec bonheur M. Bouery si son talent n'était au-dessus de toutes nos louanges, et si on ne craignait de blesser une trop grande modestie.

A la fin de la cérémonie Monseigneur a bien voulu exprimer combien il était touché des sentiments de la population. Ainsi se sont terminées des fêtes dont la paroisse conservera un éternel souvenir.

www.ingramcontent.com/pod-product-compliance
Lightning Source LLC
Chambersburg PA
CBHW060516050426
42451CB00009B/1011